生活饮用水净化用臭氧系统设备选用指南

李汉忠　王占生　主编

中国建筑工业出版社

图书在版编目（CIP）数据

生活饮用水净化用臭氧系统设备选用指南/李汉忠，王占生主编．—北京：中国建筑工业出版社，2013

ISBN 978-7-112-15594-1

Ⅰ.①生… Ⅱ.①李… ②王… Ⅲ.①饮用水-净水-净化设备-指南 Ⅳ.①TU991.25-62

中国版本图书馆CIP数据核字（2013）第146494号

责任编辑：俞辉群　石枫华
责任设计：陈　旭
责任校对：党　蕾　刘　钰

生活饮用水净化用臭氧系统设备选用指南

李汉忠　王占生　主编

*

中国建筑工业出版社出版、发行（北京西郊百万庄）

各地新华书店、建筑书店经销

北京红光制版公司制版

北京同文印刷有限责任公司印刷

*

开本：850×1168毫米　1/32　印张：2¼　字数：40千字

2013年7月第一版　2013年7月第一次印刷

定价：**20.00**元

ISBN 978-7-112-15594-1

（24070）

前　　言

本指南为贯彻国家《生活饮用水卫生标准》（GB 5749－2006）而编写。

本指南为“十一五”国家水体污染控制与治理科技重大专项的2008ZX07421－003《高氨氮和高有机物河网原水的组合处理技术集成与示范》课题之一。

编制指南的目的是从臭氧和饮用水处理技术专业角度出发，为采用臭氧预氧化、臭氧－活性炭深度处理工艺的自来水厂用户与设计部门、相关设备供货商提供对臭氧系统设备的规范性要求，为科学、合理、经济地选购系统设备，提高系统调试、验收、运行管理水平提供技术指导。

本指南内容包括总则、臭氧发生器（产品要求、标准和规范、技术参数、工作条件、产品的仪器和仪表配置、出厂检测），系统设备（冷却水、气源、投加装置、尾气处理与回收利用、检测与监测仪器仪表），系统安装与调试、验收等方面的内容。附录A～附录E提供了纯氧气源臭氧质量分数浓度与体积质量浓度换算简表、臭氧系统设备采购招标参考资料、臭氧系统设备的运行维护与安全管理、耐臭氧氧化材料、工作场所空气臭氧标准与臭氧对人体的影响等资料。

2012 年 7 月 6 日经住房和城乡建设部建筑节能与科技司和城市建设司组织专家组对本指南进行了审查。

感谢浙江省供水协会、江苏省城镇供水协会、嘉兴市水业协会、广州市自来水公司、深圳市自来水公司、昆山市自来水集团有限公司等单位对指南编制工作的大力支持。

指 南 起 草 单 位：浙江大学建筑工程学院
中国工业经济联合会臭氧专业委员会
中国土木工程学会水工业分会给水委员会给水深度处理研究会

指南主要起草人：李汉忠　王占生　张　燕
查人光　黄元生　李公攀
魏兴义　刘志光　黄曼青

目　　录

1 总　　则

1. 为贯彻《生活饮用水卫生标准》GB 5749－2006，提高臭氧预氧化、臭氧-活性炭深度处理技术应用水平，编制本指南。

2. 本指南从我国自来水厂条件出发，以国际国内先进的臭氧发生器标准及相关行业标准、规范为基础，紧密结合饮用水深度处理工艺的原则编制。

3. 本指南适用于饮用水深度处理臭氧系统设备，也适用于建筑直饮水、再生水、污水处理用臭氧设备。

4. 臭氧系统设备包括臭氧发生器、供气气源、冷却水装置、臭氧投加装置、尾气处理与回收装置，臭氧检测与监测仪器仪表。

5. 本指南规定了臭氧系统设备的选择条件和要求，规范了系统安装、调试、验收阶段要求。附录A～附录E提供了纯氧气源臭氧质量分数浓度与体积质量浓度换算、臭氧系统设备采购招标参考资料、臭氧系统设备的应用维护与安全管理、耐臭氧氧化材料、工作场所空气臭氧标准与臭氧对人体的影响等资料。

6. 在参照本指南开展相关工作时，尚应按现行国家有关的法律、法规的规定执行。

2 臭氧发生器

2.1 产 品 要 求

1. 产品按有关技术标准生产。

2. 产品应具有完整的图纸、工艺资料，完善的技术保障措施。

3. 发生器本体应采用耐臭氧材料制造。冷却水含氯时，发生器壳体应选用S30403（304L）不锈钢；接触臭氧的放电电极宜采用S31603（316L）不锈钢、钛等材料。

4. 工作压力≥0.1MPa 的发生器壳体应按压力容器要求制造，并提供壳体及所安装的与压力相关的仪表、零件的耐压合格证书。

5. 国产发生器同系列的最大发生器规格产品应通过部级产品鉴定或成果评估。其额定技术指标与发生器配置应符合项目要求。

2.2 产品标准、规范

1. 目前我国尚未制订臭氧发生器的国家标准，新修订的住房与城乡建设部行业标准 CJ/T 322－2010 水处理用臭氧发生器 作为国产发生器执行标准。进口产品按各自国家相关标准生产，如与 CJ/T 322－2010 标准要求矛盾时应按中国标准规定执行。

作为参考的标准规范如下：

DIN 19627－1993 用于水处理的臭氧发生器（德国）

NSF/ANSI 222－2006 臭氧发生器（美国）

2. 产品的计量单位应符合国际单位（International System of Units，简写 SI）制标准。

2.3 产品的技术参数

产品的技术参数应按标准状态（Normal Temperature and Pressure 简写 NTP）计算，其标准温度为 273.15K，标准压力为 101.325kPa。

1. 臭氧发生器所需气源种类、成分、对露点、洁净度的要求，工作压力及允许最大压力、额定发生量时的标准体积流量。

2. 臭氧发生器的冷却方式，额定功率工作时的冷却条件：风冷时的最高环境温度；水冷时的允许入口最高水温；臭氧发生器冷却水输出端体积流量；冷却水允许最大压力；水质要求。

3. 臭氧参数如下：

（1）产生一定浓度臭氧（g/m^3 或 mg/L）时臭氧发生器的额定产量（kg/h）及额定电耗（kW·h/kgO_3）。

（2）臭氧产量的调节控制范围（10%～100%）并指明调节方法。

4. 电参数如下：

（1）电源相数、频率、电压、电流、有功功率及功率因数。

（2）臭氧发生器的最大工作电压有效值、工作频率。

（3）高压变压器温升。

5. 设备主要尺寸，设备安装、操作、检修所需空间（长×宽×高）。

6. 工作状态下的设备重量，非工作状态下的设备重量。

7. 推荐额定技术指标（NTP状态）：

发生器臭氧出口压力≥0.08MPa时

（1）空气源：常压露点≤－55℃，臭氧浓度 $25g/m^3$，电耗18kW·h/kgO_3。

（2）氧气源：常压露点≤－60℃，臭氧浓度 $120g/m^3$，电耗10kW·h/kgO_3；臭氧浓度 $150g/m^3$，电

耗 11kW·h/kgO_3。

发生器臭氧产量按规格系列生产，用户应优先选择系列内臭氧产量规格产品。

注：不同浓度的臭氧均可用于饮用水处理。较高的臭氧浓度下气源消耗较少，可节省运行成本。臭氧浓度高的发生器耗电量高。由于生活饮用水原水中有机物浓度低，臭氧吸收率低，采用高浓度臭氧要考虑采用有效的投加装置，提高吸收率，选用时可通过技术经济分析综合考虑。

国外臭氧有时使用质量分数浓度（%，w/w）。常用臭氧质量分数与体积质量浓度可以进行换算（见附录A）。

2.4 臭氧发生器的工作条件

臭氧发生器产品应在用户提出的应用现场空气温度与湿度、海拔高程、冷却水温度与质量、电源电压条件下正常工作并达到技术指标要求。

2.5 发生器的仪器、仪表配置

发生器必须配备具有专业资格的用于相关参数测量、控制的仪器仪表，根据用户的使用要求，配置的仪器仪表可有不同的监测参数与不同的控制水平。

1. 不同的仪器仪表配置投资成本不同，最基本的配置应有：电源电压、电流、发生室气压、气体流量与气温、冷却水流量、进出口水温、水压等参数仪表，其中气压、水压、水流、水温、气温、电压、电流都应具有报警与自动切断功能，与气体密度有关的气体流量计应与气源类别相符。

2. 接触臭氧的管件、密封件、阀门、传感器、仪表等均应选用耐臭氧材料。

3. 臭氧额定产量 10kg/h 以上规格产品宜配备臭氧浓度在线检测仪，并配备 PLC 控制与人机界面系统。

4. 控制电路和软件应适合用户现场工作条件，在供电标准范围内不应频繁保护停机。

2.6 出厂检测

1. 发生器出厂前应按标准规定做性能检测，检测报告作为正式技术文件备案。

2. 检测时应注意用户要求的气源、电源、冷却水源条件和使用环境条件，臭氧性能数据按用户现场条件修正，使之达到订货要求。

国内外臭氧发生器标准中有关技术参数见附录 B。

3 系统设备

3.1 冷却水

臭氧发生器的水冷却分为直排和闭路循环 2 种类型。

1. 冷却水条件：水温、压力、流量应满足臭氧发生器正常工作的要求，水质、pH、总硬度、浑浊度等指标应符合生活饮用水卫生标准规定，氯化物含量≤100mg/L，以防设备焊缝腐蚀。

2. 选用冷却水闭路循环系统时，循环水量、水压、换热器等应按发生器容量与环境条件匹配选择。

3.2 气源

臭氧用气源目前分为空气源、空分制氧源与液氧源 3 种。

3.2.1 空气源

臭氧用空气源制备时，空气须经净化、干燥等技术处理，达到如下指标：

（1）露点≤−55℃（常压）；

（2）含油量≤0.01mg/m^3；

（3）颗粒物尺寸≤0.1μm；

（4）压力0.2MPa，温度≤30℃。

空气处理系统宜按用户的环境条件（温度、湿度、气压等）合理配置空气压缩机，贮气罐，冷凝器，除水除油过滤器，冷冻干燥机，吸附干燥机，除尘过滤器等设备，以使所产的原料气满足指标要求。

空压机噪声应符合使用场所噪声控制标准要求。

1. 供货商应提供空气处理系统的调试、维护与使用说明书。所配置之设备必须附有合格证与维护修理资料。

2. 工作压力≥0.1MPa的压力容器必须随机提供专业压力检测证明文件。

3. 系统设备应提供2年用易损备件。

4. 设备所配用的阀类、电器控制器、仪表等应选用优质可靠产品。

5. 臭氧额定产量10kg/h以上臭氧设备的空气源供气管路宜装设空气露点仪，并提供常压露点换算资料。

6. 按用户要求配置自动控制相关参数的PLC控制器。

7. 供货商应提供干燥剂的品牌、型号、更换时间及用量。

注：根据国外经验，臭氧额定产量10kg/h级及以下规格的臭氧

发生器使用空气源更为合理。对于远离液氧产地的地区用户应用空气源更为经济、安全。

3.2.2 空分制氧

目前从空气直接分离制氧多采用分子筛变压吸附（PSA）技术方法。大型设备（≥100Nm^3/h）采用低压吸附、真空解析的VPSA方法，具有更高的效率、更低的能耗。

空分制氧应达到如下指标：

（1）氧气含量≥90%（Vol%）[%（v/v）]；

（2）常压露点≤－60℃；

（3）碳氢化合物含量≤25mL/m^3；

（4）颗粒物尺寸≤0.1μm；

（5）压力0.2MPa，温度≤30℃。

1. 空分制氧机应集成为独立的分系统，应具备完整的监测控制功能。应提供调整维护与修理的使用说明书。空压机噪声应符合使用场所噪声控制标准要求。

2. 制氧机输出端应装备氧气含量仪表（Vol%）[%（v/v）] 和露点仪，并给出常压露点换算资料。

制氧设备车间应装设氧气泄漏监测报警仪。

3. 应随机提供2年用易损备件。

4. 供货商应准确提供制氧分子筛的品牌、型号、需更换的时间与用量。

5. 空分制氧系统无备用机时宜配置备用液氧装置，

以便空分制氧系统检修或故障停机时保证正常为发生器提供氧气。液氧罐容量以可提供1～2d气量为宜。

3.2.3 液氧

利用液氧汽化为氧气作为大型臭氧系统气源，具有经济合理性。

液氧应达到如下指标：

（1）氧气含量≥99.6%（Vol%）；

（2）常压露点≤－70℃；

（3）碳氢化合物含量≤20mL/m^3；

（4）颗粒物尺寸≤0.1μm；

（5）液氧汽化减压后压力0.25MPa。

1. 液氧贮罐、汽化器、热交换器（选用）、减压装置一般由用户自选。根据发生器需要氧气量和液氧质量选择相应的液氧贮罐与蒸发汽化器，一般液氧贮罐容量应为4～7d的使用量。

注：1L液氧重1.14kg，其汽化后体积为0.80$m^3_{标准}$；1kg液氧汽化后体积为0.70$m^3_{标准}$

2. 液氧汽化为氧气作为电晕放电产生臭氧的气源时可添加1%～3%干燥的氮气或空气，以提高效率。干燥空气一般采用小型PSA空气干燥装置或膜分离器制取。

3.3 投加装置

1. 饮用水臭氧处理是通过投加装置实现臭氧化气与

水体充分接触而达到较高的吸收率。臭氧处理饮用水分为预臭氧处理与主臭氧处理。

2. 臭氧接触池应设人孔和安全排空池内残余臭氧的结构和设备。

3. 臭氧接触池如建于封闭空间内则应采取防火措施。

3.3.1 主臭氧处理

主臭氧处理是降解化学污染物的主要阶段。水厂应通过实验确定臭氧投加比 $mgO_3/L_{水}$，接触时间 t（min）和要求达到的溶解度值 c（mg/L），并给出主臭氧接触水池的设计尺寸与要求。

1. 供货商按要求设计臭氧投加管路、曝气盘、仪器仪表及附件，全部采用耐臭氧材料。

（1）常规主臭氧接触池分为三级逆向接触以提高臭氧吸收率。一般水深 6m 左右，投加气量比宜为 6∶2∶2，推荐总接触时间≥12min。供货商依据曝气盘的技术参数（直径、定压下的额定出气量、气泡直径等）和臭氧浓度与气量选择各级曝气盘数量及位置布置。

曝气盘应在额定气量的 50%状态下也能保证布气均匀的要求。

（2）三级接触池各有独立管路送气，并分别配置流量计与调节阀门。

（3）投加管路各连接点均应密封可靠，曝气盘应便于检查与更换。

2. 臭氧接触池出水段可安装液相臭氧浓度检测仪，检测并控制主臭氧投加量。

3. 臭氧接触池应密封良好，顶部应装设排、吸气安全阀，保护接触池安全。（参考设定动作压力为＋2kPa及－3kPa）。

4. 臭氧接触池可装设尾气臭氧浓度检测仪，以监测臭氧吸收率、曝气盘堵塞状况。为保证检测准确，尾气处理装置抽吸风机的抽气负压应保证排吸气安全阀不产生吸气动作。臭氧检测仪采样进气应经过干燥处理。

5. 未安装尾气臭氧浓度检测仪时，在接触池后端顶部排吸气安全阀前部装设臭氧尾气采样管，内径 ϕ10mm深入池顶内层 100mm，以便连接臭氧浓度仪检测尾气浓度，监测臭氧吸收率。注意不能在排吸气安全阀后和尾气总管上采气检测。

注：已有臭氧深度处理水厂很少检测臭氧吸收（反应）效率，是个值得重视的问题。

3.3.2 预臭氧处理

1. 预臭氧处理可提高原水除藻、混凝与生物降解效果。水厂应通过试验确定射流器支路水量与水压，臭氧投加比 $mgO_3/L_{水}$，水和臭氧接触时间 t（min），并给出预臭氧处理池的设计尺寸与要求。

2. 供货商按要求设计处理流程并给出射流器等处理

设备、仪表与零部件规格型号，全部采用耐臭氧材料。

3. 预臭氧接触池顶部应装设排吸气安全阀，保护接触池安全。（参考设定动作压力为＋2kPa 及－3kPa）。

3.4 尾气处理与回收利用

臭氧与水接触不会完全反应、吸收。尾气臭氧浓度超过环境允许浓度时不允许直接排放到空气中。可通过尾气处理或循环回收利用技术解决。尾气处理过程的所有设备均应采用耐臭氧材料，抽风机应进行脱油脂处理。

3.4.1 尾气臭氧处理

饮用水臭氧尾气处理常规方法按尾气量大小分别采用加热分解、触媒催化分解。触媒催化分解前应进行气水分离和除雾处理，以提高处理效果并保持催化分解性能。

低臭氧浓度尾气（预臭氧处理）可采用空气混合稀释排放。

尾气处理的臭氧浓度和气量是决定处理设备选型的依据，主臭氧处理池尾气浓度可按 10%～15%投加浓度估算。处理后排放臭氧浓度应符合国家环境空气质量标准≤0.2mg/m^3（0.1ppm）的规定。

1. 加热分解

（1）臭氧在 350℃下会立即分解为氧气，在连续运行的大型臭氧系统尾气臭氧浓度高时（氧气源）常采用热分解方案。

（2）供货商所提供的加热分解系统设备，应确保分解的效果和能耗控制，并应注意排放热能的再利用。

（3）加热分解设备要保证人体不会直接接触到高温部位，并符合消防法规定。

（4）供货商应提供系统结构简图与维护、检修说明资料。

2. 触媒催化分解

（1）尾气臭氧通过含有氧化锰、氧化铜与镍等催化剂会分解为氧气。触媒催化分解适用于中小规模臭氧系统尾气处理应用。

（2）供货商应具备触媒催化分解系统应用选型的经验确保分解的效果和能效。

（3）供货商应提供系统结构简图与使用、维护、检修说明资料。

（4）供货商应提供触媒催化剂的名称、型号、生产厂家与更换周期、用量。

3. 混气稀释排放

预臭氧处理投加量低，水质相应较差，反应效率高，尾气臭氧浓度低，以混合空气稀释排放是可行的方案。

注：日本臭氧应用安全标准规定低于 0.8 mg/m^3 浓度的臭氧可以通过烟囱直接向大气排放。

3.4.2 尾气回收利用

以氧气为气源的臭氧系统主臭氧处理池的尾气在水质良好的条件下臭氧浓度较高（≥10mg/L），气量大（投加气量 90％以上），尾气处理排放设备与能耗是一笔很大的开支。尾气回收利用是经济、社会效益都很高的节能减排措施，符合国家倡导的绿色、低碳政策。尾气回收利用目前有 2 种方法：作为预臭氧处理气源；干燥净化后作为发生器的气源循环应用。

1. 预臭氧处理气源

（1）主臭氧处理池排出气体可经环流涡轮混合器混入预臭氧处理原水中，也可经离心风机送入预处理水射器混合，还可采用耐臭氧压缩机将主臭氧处理池尾气加压送到预处理池曝气投加。

（2）资料介绍涡轮混合器能耗 100～200W·h/Nm^3，压缩机能耗 80～150W·h/Nm^3。

2. 循环利用

（1）循环利用有规模要求，合适的气量规模才具有经济效益。

（2）主臭氧处理池尾气加压引入脱水装置除水后进行有机物吸附去除，再进行干燥处理并与补充的新鲜氧气一起送入发生器。

（3）循环利用的处理设备需要抗臭氧和抗潮湿。

（4）原尾气中的臭氧不会使发生器产生的臭氧浓度

有额外的提高。资料介绍较大气量规模时额外增加能耗 80～100W·h/m^3标准，而循环氧气成本只为原成本的10%左右。

3.4.3 铭牌

尾气处理装置应装贴铭牌。内容包括：

（1）臭氧尾气的分解方法；

（2）抽风机工作的额定抽风量；

（3）催化剂更换周期或维护周期；

（4）电源功率；

（5）生产厂商名称和联系方法；

（6）生产日期。

3.5 检测、监测仪器仪表

生活饮用水处理用臭氧系统设备检测、监测仪器仪表主要有臭氧浓度检测仪、流量检测仪、压力与温度计和空气露点仪等，当采用氧气源时还需氧气泄漏监测报警器；电源输入端及臭氧发生器的高压逆变电源也应有相应的电量监测仪表。臭氧系统采用 PLC 控制时，各种仪器仪表应有与 PLC 通讯功能，如 RS485 口等。

1. 臭氧浓度检测仪是用来检测臭氧系统中以下部分的仪器：

（1）臭氧发生器出口的臭氧浓度；

（2）水中溶解臭氧浓度；

（3）尾气处理前臭氧浓度；

（4）尾气处理后排出气体中的臭氧浓度；

（5）环境臭氧浓度监测（泄漏报警）。

注：紫外型臭氧检测仪选用需注意：进口产品国内代理商无调整、修理能力，仪器失准或损坏要发到国外公司处理；国内产品未列入国家强制检验仪器目录，无专业认证和检验标准，生产时间短，精度、稳定性和紫外光源寿命还有待考察、验证。

臭氧浓度检测仪器技术指标要求如表 3-1 所示。

表 3-1　臭氧浓度检测仪器技术指标

检测部位	臭氧发生器出口在线检测	水中溶解臭氧在线检测	尾气处理前在线检测	尾气处理后在线检测	工作环境臭氧泄漏检测
仪器类型	紫外吸收式	极谱化膜电极式或紫外吸收式	紫外吸收式	紫外吸收式	电化学传感器式或 MOS 传感器式
测量范围	0～200 g/m^3	0～20 mg/L	0～20 g/m^3	0～20 mg/m^3	0～4 mg/m^3 或 0～10mg/m^3
分辨率	0.1 g/m^3	0.01 mg/L	0.1 g/m^3	0.01 mg/m^3	0.02 mg/m^3
示值误差≤	±2%	±2%	±2%	±2%	±10%

续表 3-1

检测部位	臭氧发生器出口在线检测	水中溶解臭氧在线检测	尾气处理前在线检测	尾气处理后在线检测	工作环境臭氧泄漏检测
零点漂移≤	2%F.S/24h自动调零	0.01mg/(L·月)	2%F.S/24h自动调零	0.01mg/(m^3·24h)	
线性误差≤	2%F.S	2%F.S	2%F.S	2%F.S	报警值设定0.2mg/m^3
信号输出	4～20mA	4～20mA	4～20mA	4～20mA	超限报警信号
数字显示	√	√	√	√	√
环境补偿	温度、气压	温度	温度、气压	温度、气压	
其他	仪器排气口装设臭氧催化分解器		进气口加采样泵和不分解臭氧的干燥器	带采样泵和除尘过滤器	有声光报警功能

注：F.S是指测量仪表的满量程

2. 其他仪器仪表技术指标要求如表 3-2 所示。

表 3-2　其他仪器仪表技术指标

项目＼仪器	氧气泄漏报警器	空气露点仪	气体流量计	压力传感器	温度计
仪器类型	电化学传感器报警探头	在线式	优先选用压损较小的类型		

续表 3-2

项目＼仪器	氧气泄漏报警器	空气露点仪	气体流量计	压力传感器	温度计
测量范围	0～30%（体积百分比）	−80～+20℃	按需选定	0～1.0MPa	0～50℃
示值误差≤	±2%	±3%（−80～−40℃）	±2.5%	±1%	±0.2℃
分辨率	0.1%				
信号输出	超限报警信号	4～20mA	4～20mA	4～20mA	4～20mA
数字显示	√	√	√	√	√
其他	有声光报警功能		流量计装在发生器输出端的应耐臭氧		

3. 订购饮用水处理用臭氧系统检测仪器，要备有2年以上的易损备件。

4. 臭氧检测仪器仪表在现场安装前，应有出厂检验合格证，中文安装、使用说明书及备件清单。

5. 水处理臭氧系统检测、监测仪器仪表的定期校验按仪器种类分别为：

(1)检测臭氧发生器出口臭氧浓度的仪器每12个月校验1次，校验结果记录备案；

(2)水中溶解臭氧检测仪应每 6 个月校验 1 次，校验结果记录备案；

(3)尾气检测仪表每 12 个月校验 1 次，校验结果记录备案；

(4)泄漏报警仪每 6 个月校验 1 次，校验结果记录备案。

校验用的检验仪器仪表应采用有质量监督检验部门检验的仪器，检验结果记录备案。

4 系统安装与调试

设备到达用户工程现场后，供货商在用户通知时间内派本公司专业技术人员或委托具有专业壹级安装资质的安装公司前往用户工地现场进行系统设备安装调试。

4.1 开 箱 检 查

1. 在用户与监理人员在场时供货商人员开箱检查以证明设备在运输途中完好无损，发现损坏应立即更换或修补。

2. 开箱检查验收所有物品、资料应符合合同及装箱单要求，并按合同规定的人员保管，用户单位应提供必要的存放条件。

4.2 安　　装

1. 供货商应在图纸设计阶段向监理与用户提供详细的安装计划，包括安装时间、步骤、人员、设备、图纸及需用户提供的配合等，并征得监理与用户同意。臭氧发生装置平面布置设计应考虑检查、巡视和更换零部件需要的空间。

2. 安装工作由供货商负责，进行本系统各设备的就位、固定和设备之间的连接工作，包括在土建施工过程中所需预埋件的安设。当需要用户或第三方进行与本系统设备有衔接或配合关系的安装工程时，供货商须委派技术人员到现场指导及配合。

3. 安装除应执行相应的电、水、气施工及验收规范、标准外，还应按供货商的具体安装要求进行。安装设备的车间应符合消防法规要求。

4. 所有安装工作结束后，供货商技术人员应先行检查无误后再与监理及其相关承包单位共同对所完成的安装内容进行检查，注意检查所有设备、仪器、阀门的安装、连接是否正确、可靠，连接管道与设备内部是否清洁；供电开关装置，配电设备和高压装置的安装应符合当地供电局的要求；流体管路应标明流体名称、流向。检查合格后签字确认。

4.3 调试准备

1. 系统设备调试应由供货商编制调试方案，方案包括：准备工作，调试内容与步骤，时间安排，操作方式，人员及岗位配置，必要的应急措施等。方案报请项目监理与用户审查、批准。调试中各步骤均应有用户单位专职人员参加，作各项调试应记录备案。调试及试运行过程中应安排对用户人员进行岗位培训。调试中由供货商承担技术与管理责任。

2. 调试步骤原则上应先辅机后主机，先部件后整机，先空载后带载，先单机后机组联动进行。

3. 调试前应详细列出全系统及各分系统设备应达到的工况参数和极限参数，并在调试过程中记录实际调整的参数。

4. 供货商应准备好调试所需的工具、材料、辅料及可能要更换的零部件，并确保安全防护装置齐全可靠。调试及试运行期间若动用了质保期内免费提供的上述物品应限期补齐。

4.4 分系统调试

通过对各分系统的调试以校核安装工作的质量，确定现场条件下适当的运行参数，验证该分系统的性能，并与其出厂检测报告相比较。

各分系统调试结束后应断开该系统的电源和其他动力源，消除压力和负荷(放水、放气)，安装好因调试未装的或调试时拆下的部件和附加装置，检查设备有无异常变化，检查紧固件、密封件、安全保护器具的状况。并整理调试记录，填写调试报告。

1. 气源系统，按设备使用说明书调试。

2. 冷却水系统调试如下：

(1)使用管网水直接冷却时，应检测冷却水的水温、水压及 pH 值、总硬度、浑浊度、氯化物含量等。水质差的应提出改善处理措施，由用户完成。

(2)采用闭路循环冷却系统时，应按设计要求灌充适量冷却液，并须检测其品质合格。

(3)供水管路的泵、阀门等应能正常工作，可按设计要求调节供水压力、水量。

(4)水路各节点应密封可靠，无泄漏。

(5)水路系统压力保护器具的动作应准确可靠，温度、压力、流量等监测仪表工作应正常。

3. 臭氧发生器系统调试如下：

(1)发生器的发生室、供电电源与控制系统柜均应打开进行仔细、严格的检查，确认电、气、水各部分无损坏，无松脱、移位，安全可靠；每个放电单元均应逐个加电试验；发生室应通冷却水进行耐压试验，不应有泄漏。

(2)发生室内部检查完毕后关闭，紧固时注意保证发生室的气密性。此后可进行通气、通冷却水试验，验证气、水压力、流量的调节功能，并保证密封可靠、无泄漏。

(3)臭氧发生器系统须在冷却水、原料气源工作供应正常且所产臭氧混合气能适当处理时方可通电调试。经调试验证臭氧发生器系统的性能：工作、调节是否正常有效；生产一定浓度臭氧时臭氧的产量及电耗，与其相应的各种电、气、水运行参数；逆变电源及高压变压器的温升等。

4. 臭氧气体投加系统调试如下：

用原料气进行浅水调试，检查管路连接密封和微孔扩散器气泡是否均匀。调试预臭氧射流器支路，检查吸气口真空度是否正常。如必要进行适当调整，应保证投加比例符合设计要求，确保防水倒灌保护措施可靠。

5. 尾气处理系统，按设备使用说明书调试。

6. 检查校准仪器仪表如下：

按设计工艺流程图检查各类仪器仪表接入位置，回路完整性与测定参数量程、精度，必要时予以校准。

7. 单机 PLC 控制与总控 PLC(或 DCS)检查如下：

检查验证单机与总控机是否正常工作，近远程操控动作、数据显示、传输功能是否正确通畅。

4.5 联机统调

所有各分系统检查、调试正常并得到监理与用户认可后，进行系统联机统调。供货商应进行充分准备并安排指导用户操作人员在各岗位进行检查、操作。

1. 当水处理工程系统具有多台臭氧发生器时，轮番开一台臭氧机组与相应的水处理系统，按 2.3.3 臭氧参数要求作调节，检查、记录各部分参数值，每台发生器均应达到性能指标要求。

2. 改变气、水参数，检测发生器自动保护功能动作的可靠性。

3. 检测并熟悉单机 PLC 与总 PLC 操作与控制，利用远控功能调节控制发生器工作，检查验证处理水量或水质变化后的自动控制功能。

4. 发生器调节在额定参数下连续运行 24h，检查其工作稳定性。同时检查系统各部分工作状况并对各类参数值进行采集记录。

4.6 试 运 行

当联机统调发生的影响设备运行问题与功能指标缺陷都已解决完毕后，可向项目监理和用户申请 14d 的试运行。

1. 试运行由供货商人员主持，指导用户运行人员对系统设备进行操作，每天 24h 连续运转 7d。如因故障停机或必要的调整修正需要停机，则要重新计算运行时间。

2. 在第二个 7d 连续满负荷运行工作中，应对系统运行参数进行现场检测，现场检测由供货商提供计量仪器仪表，并应经资质合格的机构进行检测标定，检测时应有监理和用户人员参与鉴证。所检测项目均需达到或超过设计指标要求，正规检测并认定的指标可以作为验收数据使用。

5 验　　收

系统设备经安装、调试、试运行后达到合同约定的相关要求时，供货商可同监理与用户三方协商进行验收。验收小组由监理单位组织，除三方人员外可以邀请行业相关专家参加。

验收由供货商出具资质合格的仪器、仪表检测有关技术参数，验收小组人员在验收报告上签字通过，用户正式接管系统设备。

5.1 技术文件验收

供货商自投标开始各阶段的文件，如合同，设备仪器与备件清单，标准规范与规程，各类图纸、说明书、合格证、检测报告、系统操作与维护的运行规程（手册），培训教材等，均应验收存档，缺少的应在验收签字前补齐。

国外产品供货商编制的文件均应以中/英文提供，并应附带电子文本，参见附录B之B.3.7。

5.2 备品备件与专用工具验收

1. 供货商应保质按量提供系统设备两年用的备品备件，产权归用户所有，应按合同清单清点入库。在安装调试过程中供货商用掉的备品备件应在验收前补齐或在验收文件中注明，定期补齐。

2. 系统设备维护、检修的专用工具的验收同上。

5.3 技术培训验收

1. 供货商应提供系统完整的培训教材。

2. 供货商应提供培训实施的时间、地点、培训内容。

3. 考评受训人员对培训内容熟悉理解掌握的程度，考核受训人员独立进行系统设备运行操作、日常的维护保养和一般故障检查、维修的能力。

（臭氧系统设备的运行维护与安全管理见附录 C）

4. 受训人员考核测评成绩记录，应在培训结束时提交给用户备案。

5.4 系统的技术性能验收

1. 臭氧发生器技术性能指标

应达到合同要求：

(1)额定浓度下臭氧产量和电耗指标(允许－5%差值)。

(2)在额定臭氧浓度下单机调节10%～100%发生量。

(3)最高臭氧浓度验证。

(4)主电源功率因数 COSϕ 值在额定工作条件下达标。

2. 水中溶解臭氧浓度验收

在满负荷下臭氧投加量为上限值时主臭氧接触池水中溶解臭氧浓度应达到设计值。

3. 臭氧吸收(传质)效率验收

在满负荷下臭氧投加量为上限值时检测主臭氧接触池上部尾气臭氧浓度。注意检测点应无池外气体混入，采样时间不得少于15min。

$$\text{扩散(传质)效率(\%)}=\frac{\text{臭氧源臭氧浓度(mg/L)}-\text{尾气臭氧浓度(mg/L)}}{\text{臭氧源臭氧浓度(mg/}L\text{)}}$$

注：在水质差时，水中溶解臭氧浓度值偏低，臭氧吸收(传质)效率偏高。

4. 尾气处理系统性能验收

在满负荷(最大水量)臭氧投加量为上限值时臭氧尾气处理装置出口臭氧浓度$\leqslant 0.2mg/m^3$。

5. PLC 系统验收

检查并验证臭氧单机PLC与总PLC监控系统工作是否正常，与水厂中控室上位机的通信和操作是否正常、通畅。

6. 安全装置验收

确认气路与发生器罐体安全阀动作可靠；确认前后臭氧接触池排吸气安全阀正、负压动作可靠；确认发生器工作间臭氧、氧气泄漏监测仪报警可靠；确认发生器单机 PLC 检测保护功能条件。在安装和调试阶段进行过调试验证的装置可不再验收。

7. 气源装置验收

(1)气源装置提供的原料气温度、压力、流量应满足臭氧发生器正常工作的要求。

(2)气源装置提供的料气质量满足合同要求。

(3)气源装置及其控制设备运行可靠，并能自动配合、适应臭氧发生系统的工作需要。

8. 冷却水装置验收

(1)冷却水装置冷却水的水温、压力、流量应满足合同要求。

(2)冷却水装置提供的冷却水水质满足合同要求。

(3)冷却水装置及其控制设备运行可靠，并能自动配合、适应臭氧发生系统的工作需要。

附 录 A
纯氧气源臭氧质量分数浓度与体积质量浓度换算简表

表 A-1 纯氧气源臭氧质量分数浓度与体积质量浓度换算简表

质量分数浓度(%，w/w)	1	2	3	4	5	6	7	8	9	10
体积质量浓度(g/m^3)	14.3	28.8	43.3	57.9	72.7	87.5	102.4	117.5	130.6	147.8
质量分数浓度(%，w/w)	11	12	13	14	15	16	17	18	19	20
体积质量浓度(g/m^3)	163.2	178.6	194.2	209.9	225.6	241.5	257.5	273.6	289.9	306.2

附　录　B
臭氧系统设备采购招标参考资料

B.1　臭氧系统设备投标商条件

生活饮用水净化用臭氧系统设备的招标项目多为交钥匙工程，投标商应为臭氧设备制造企业或净水设备代理商，应具备相应的资质条件并提供相关文件。

B.1.1　臭氧设备制造商

1. 臭氧设备制造商应具备臭氧处理系统的设计和配套设备、仪器优化选型的能力。

2. 臭氧设备制造商应具备良好的加工条件和丰富的生产、应用经验。具有加工、装配、调试、检验与试验运行的厂房、动力和设备，具有检测各项技术指标的资质合格的仪器。

3. 具有规范的技术管理、生产管理规程，具有 3 年以上生产臭氧设备的历史和 ISO 9000 系列质量体系认证。

4. 投标之国内臭氧产品应为通过相关部级产品鉴定或成果评估的规格及同类型较小规格的产品，产品具有连续工作1年以上的应用报告。

5. 投标的国外臭氧设备制造商在中国大陆应设有常驻的专业售后服务点，并配备人数与市场占有率相适应的具有3年以上同类型设备服务经验的技术服务工程师，能够提供良好的售后服务和技术培训。提供服务站点地址、联系方式、人员姓名及资历等资料。

B.1.2 净水设备代理商

1. 具有臭氧处理工艺设计与臭氧系统设备选型、系统设计、安装、调试与运行管理的能力。

2. 所选用的臭氧发生器产品应具有1.1项条件的制造商的有效授权。

3. 国外臭氧设备的代理商应具有独立的进出口资质。

B.2 国内外标准参数表

表B-1 国内外标准参数表

参数	CJ/T 322 2010	CJ/T 3028 1994	DIN 19627 1993	NSF/ANSI 222 2006	日本标准资料 2004	进口产品 2008
气体状态标准制	NTP		NTP		NTP	NTP
大气压力	101.325 kPa	101.325 kPa	101.325 kPa	101.325 kPa	101.325 kPa	101.325 kPa

续表 B-1

参数	CJ/T 322 2010	CJ/T 3028 1994	DIN 19627 1993	NSF/ ANSI 222 2006	日本标 准资料 2004	进口产品 2008
温度	0℃	20℃	0℃	20℃	0℃	0℃
正常工作条件						
气温(℃)	45	45	30			40
相对湿度(%)	85		60			85
冷却水温(℃)	35	35	30			30
额定指标检测条件						
气温(℃)	20±2	臭氧出气25℃±2℃		22±2		
相对湿度(%)	60					
冷却水温℃	22±2		15	22±2		25
气源露点温度℃	空气 −55℃	空气 −45℃	−45	−60		空气 −65
	$PSAO_2$ −60℃					液氧 −70
	液氧 −70℃					
臭氧产量规格	5g/h～ 100kg/h	5g/h～ 10kg/h		1～ 500g/h	3g/h～ 50kg/h	1kg/h～ 47.5kg/h

续表 B-1

参数	CJ/T 322 2010	CJ/T 3028 1994	DIN 19627 1993	NSF/ ANSI 222 2006	日本标 准资料 2004	进口产品 2008
额定技术指标						
臭氧浓度 （g/m^3）	空气源 25	空气源 ≥12	空气源 ≥20			空气源 30
	氧气源 100 氧气源 150		氧气源 ≥80			氧气源 147.8
电耗 （kW·h/ kgO_3）	空气源 ≤18 氧气源 ≤9 氧气源 ≤11	空气源 15～18				空气源 ≤18 氧气源 ≤10
安全要求						
臭氧泄漏 （mg/m^3）	0.20			0.2	0.1ppm	√
压力安全	√	√	√		√	√
电器安全	√		√	√	√	√
臭氧浓度检测方法						
紫外吸 收法	√		√	√	√	√
碘量法	√	√	√		√	

B.3 技术资料

B.3.1 采购方应提供的技术资料

1. 水处理工程系统工艺流程设计及相关参数。

2. 工程所处地理位置、海拔高程、气候条件、电源条件、冷却水条件、气源供应条件、地质状况（地震烈度预测）等。

3. 拟由采购方承担的与臭氧系统设备配套的工程及土建技术资料。

B.3.2 投标方应提供的文件资料

1. 投标书文件资料

投标方在其投标书文件中至少应提交下列文件和资料：

(1) 尺寸齐全的设备外形图和安装图，包括设备重量，基础承载力以及安装空间要求等。

(2) 各种设备主要技术性能和规格的文字和图表说明。

(3) 各种设备的设计、制造、测试所参照的主要标准。

(4) 各种设备的主要材料组成的说明。

(5) 出现技术偏差部分的图纸和文件说明。

(6) 各种设备的制造商名称及产地的清单，包括制造商的联系地址。

(7) 投标方所建议的设备 2 年运行的备品、备件(含润滑剂) 及制造商的地址、通信号码以及专用维修工具的清单。

(8) 投标方计划的供货日程表。

(9) 提供与本项目相同或相似项目的成功业绩表。

(10) 投标时可能需要的其他资料。

2. 文件资料形式

上述文件资料应该是以图纸、表格、文字相结合的形式出现，并应该是印刷制品。文件应以中文形式出现(进口设备以中、英文形式出现，并以中文为准)，图纸和文件中计量单位必须用国际单位。

B.3.3 供货商应提供的文件

1. 参照标准

(1) 供货商提供的机械设备均应符合我国有关标准或用户可接受的国际标准，并提供相应的标准号。

(2) 供货商提供的电气设备均应符合 IEC 标准或用户可接受的国际标准并提供相应的标准号。

(3) 供货商提供的设备及测试仪器、仪表的计量均采用 SI 国际标准计量单位。

(4) 供货商提供的设备如按制造商的企业标准生产，则应提供相应的企业标准。

2. 设计文件

（1）臭氧处理工艺流程图和仪表控制流程图，标明其规格性能，如流量、压力及温度等参数，并应列出发生器产量、气量等指标修正计算的依据及计算式。

（2）设备结构示意图、设备基础图、设备布置图、管道和管件布置图、电缆电线敷设图。

（3）反应池的工艺图、管道及扩散器布置图。

（4）主要设备的技术资料，包括注有基本尺寸的总图、技术参数、使用注意事项等。

（5）电气系统和控制系统的原理图、接线图及控制软件。控制软件应提供源文件及密钥，以利采购方在运行和维护时改进（质保期内的改动须经供货商同意方可进行）。

（6）连接和互连图。显示所供设备部件之间、各分系统之间以及系统设备与外部设施之间的连接点、接线和管路。

（7）土建负荷资料。

（8）臭氧系统设备所需配套的水、电、气等公用工程设计资料。

3. 说明书、测试报告及合格证书

（1）设备技术说明书，包括：

1）系统描述及单项设备描述，设备清单（注明设备名称、规格型号、制造商、原产地、数量，并附有相关技术指标、说明书和资料）。

2）臭氧发生器的工作方式及性能描述（注明臭氧浓度、放电器件材料及放电电压、频率等）。

3）臭氧尾气处理分系统的工作方式及性能描述。

4）供电单元的工作方式及性能描述。

5）控制系统的P&I图及控制方式。

6）提供预臭氧处理和主臭氧处理的投加方式说明及接触时间。

7）臭氧发生、臭氧扩散及臭氧尾气处理分系统的技术参数。

（2）设备样本。

（3）制造厂的检验报告、测试报告、设备检验合格证书、质量保证书等。

（4）系统的安装、调试、操作、使用、维护以及异常现象和事故处理的技术文件。

4. 验收、测试与运行文件

（1）系统、设备的验收标准。标准应符合中国有关的国家、地方、行业的标准。

（2）系统、设备验收的测试方法。测试方法应符合有关标准、规范的规定。

（3）设备的运行操作规程。规程应根据实际的系统和设备的要求编写。

（4）设备应定期检查的检查点与检查项目、记录表格，发现缺陷应采取的措施。

5. 清单文件

（1）项目的系统、设备清单。

（2）系统设备用的专用工具清单。

（3）保证系统设备 2 年以上正常生产运行所需的备品备件、易损件的清单及其分项价格。

6. 担保文件

供货商至少要对以下项目提供书面担保（违约罚金详见商务部分）：

（1）臭氧浓度及臭氧发生量担保。

（2）能耗（kW · h/kgO_3）担保。

（3）放电器件寿命担保。

（4）臭氧接触池的臭氧吸收率≥95％担保。

（5）备品备件的长期、及时供应。

7. 其他

（1）本章资料、文件将按供货阶段、配合工程设计阶段、设备制造检验阶段、施工调试阶段、性能检测验收阶段和运行维护阶段等过程分阶段提供。

（2）技术资料、文件的组织结构要求逻辑性强，内容正确、准确一致、清晰完整。

（3）除有特别规定外，进口设备的文件资料采用中、英文两种文字，以中文为准。

（4）供货商认为有必要提供的其他技术资料及文件。

（5）所提供的技术资料，纸质文件为 5 套，光盘

3套。

B.4 培　训

为保证买方技术人员了解系统设备的技术特点，熟悉设备的规格性能，掌握设备的运行操作，学会分析系统设备的异常现象和事故处理，供货商应提供充分的培训机会，并有相应的培训实施计划。

B.4.1 培训计划

供货商应提供培训的实施计划。

1. 计划应包括培训的内容、场所、期限、人数、教材、课程表以及要达到的目标等。计划要明确培训人员和待培人员的数量、专业和水平。

2. 培训的内容应包括：臭氧的基本物理化学性质及其应用特点，臭氧发生器的基本结构和特点，臭氧设备及其系统的基本原理和工艺流程、操作运行、维护检修、故障分析和事故处理技术，系统设备的运行规程，系统设备保养、校准、更换用料等的周期和操作方法，安全生产的要求和对相关监测仪表的检查、记录等。

3. 要结合臭氧系统的设备特点，编写培训教材。

B.4.2 培训实施

1. 根据培训对象、内容、期限至少要安排在系统设备制造厂培训和现场上岗培训两个阶段，参照培训教材进行培训。

2. 制造厂培训是指在制造厂为用户人员提供的培训，重点是设备结构、设备特点和维护检修方面的培训。

3. 上岗培训是在工程现场为用户操作人员进行的培训，重点是操作技能培训，特别注意开机、停机的要求和程序与故障处理。

4. 要结合安装、调试和运行进行培训，包括对系统设备的使用操作、检查维护、故障分析与排除、PLC 程序操作、检查等，进行岗位培训；要有生产安全与安全事故紧急处理的规程规范，建立健全运行维护档案等内容的培训。

5. 有关技术理论知识方面的培训，可以提前进行，或者安插在制造厂培训和上岗培训过程中。

B. 4. 3 考核测评

每次培训要根据明确的目标，在结束时对受训人员进行适当形式的考核测评，并发给合格证明文件。

B. 4. 4 培训经费

上述培训的经费包含在合同总价中。

B. 5 备品备件和工具

B. 5. 1 随机备品备件

1. 供货商应随机提供系统设备正常运行 2 年所需的

备品备件、易损件。

2. 备品备件和易损件的品种由供货商根据系统设备的特点决定，但至少应该包括臭氧发生器的介电体（或与介电体一体化的放电元件）和高压保险丝、发生器专用电源的重要器件、检测仪器用的特殊器件、气源过滤器和尾气处理器用的催化剂、控制设备用的专用器材等。质保期内的备件应免费供应。

3. 备品备件和易损件的随机配供备件数量由供货商根据系统设备的特点决定。臭氧发生器介电体（或与介电体一体化的放电元件）的备件数量必须不少于其正常运行总数量的 4%～6%。

4. 在质保期内，如因备品备件、易损件不足或供应不及时，供货商必须承担由此造成的经济损失。

5. 备品备件和易损件检验验收应与主机的要求一致。

B.5.2 后续备品备件

1. 供货商应根据买方的需要，自系统设备投入运行的第 3 年起的 10 年内提供系统设备正常运行所需的备品备件、易损件。

2. 上述备品备件和易损件的报价不包含在合同总价中，但供货商应根据买方提出的要求和订单，及时优惠供应。

B.5.3 专用工具

1. 供货商应随机提供系统设备安装调试、检修维护、操作运行需要的专用工具。

2. 上述专用工具的报价应包含在合同总价中。

B.6 质保期与售后服务

B.6.1 质保期

质保期不少于24个月。自系统设备验收合格签署文件日开始计算。

1. 在质保期内属于设备本身缺陷造成的各种故障应由供货商提供免费技术服务与维修。

2. 在质保期内故障时间累积超过1个月，用户有向供货商索赔的权力。如系统内设备有替换则该设备质保期自替换后工作之日算起。

3. 供货商在质保期的最后1个月应对设备进行一次常规的维护保养，所发生的设备维修、保养、更换费用由供货商负担。

4. 当设备质保期满后，供货商应继续提供技术支持与备件供应。

B.6.2 售后服务

1. 在设备整个使用期内，供货商应提供确保设备正常使用所需的售后服务与配件供应。

2. 如设备发生故障，供货商应在收到用户通知后24h内给予有效响应，并在48 h内服务人员到达买方现场，在3个工作日内排除故障并交付使用（不可抗力因素影响除外）。

B.7　国外订货的付款方式及违约赔偿

B.7.1　付款方式

1. 合同签订后15d内，买方应由中国银行开立以合同签订后的卖方为受益人，金额为合同总价的100%的不可撤销的即期信用证（L/C）。

2. 在卖方设备装船后提供装运单据及其他符合L/C条款的文件后支付设备合同价的80%。

3. 设备安装调试经验收合格后，在买方银行收到由双方代表签署的验收合格证书及其他与信用证内容一致的单据，并在买方收到由卖方银行开具的以买方为收益人的不可撤销的质保函后1个月内，由买方向卖方支付合同总价的20%。

4. 质保函金额为合同单价的10%，有效期至质保期满。

B.7.2　违约赔偿

合同设备在质量、交货退货与售后服务方面违约则应由责任方赔偿。

1. 性能罚款

（1）运行试验中设备的主要技术性能指标达不到合同要求，且在1个月内未能整修解决的，则买方有权按每台设备合同金额（全额）5%对卖方处以罚款；

（2）由于产品质量问题造成系统事故或导致重大事故，则买方有权按每台设备合同金额（全额）8%对卖方处以罚款；

（3）如卖方提供的设备不符合合同要求，买方有权全部或部分拒收，并有权提出索赔。

2. 逾期赔偿

（1）卖方逾期交货应按迟交设备之总价计算向买方赔偿违约金。比例为每 7d 交 0.5%，不满 7d 按 7d 计算，最高金额不超过迟交设备部分合同金额的 5%。如违约金达到最高限额仍不能交货时，买方有权终止部分甚至全部合同，而卖方仍有义务支付上述迟交核定损失金额；

（2）卖方不能交货，应向买方支付违约金。违约金按不能交货部分货款的 30%计算；

（3）买方因自身原因中途退货应向卖方支付退货部分货款 30%的违约金；

（4）经买卖双方协商同意延期交货或中途退货时可免除赔偿责任。

3. 售后服务违约赔偿

在系统设备因质量问题发生故障，卖方维修人员不及时到现场或到现场因技术能力不能按约定时间排除故障造成系统停产，则停产责任由卖方承担。损失赔偿额度由相关专业部门裁定后在质量保函金中扣除。

附　录　C
臭氧系统设备的运行维护与安全管理

饮用水深度处理所用的臭氧系统是涉及电器、机械、材料、化工气体与水的综合性技术设备，在设计、安装、运行、维护与安全管理各阶段都应严格要求。

应用臭氧系统设备的水厂应配备专职操作、维护与安全管理人员。应对其进行专门培训并考核，须掌握臭氧科学知识并熟悉系统操作、安全规程。

注：国外有专业的培训机构组织培训与考核。

C.1　运　行　管　理

运行人员必须熟悉系统设备的使用说明书和维护管理手册。

C.1.1　开机

1. 严格遵守开机规程，保证电源、气源、冷却水源满足开机条件要求。

2. 开启发生器与控制系统供电电源，统调发生室气压气量、臭氧接触池各级气量分配比例。

3. 启动发生器高压电源，调整发生器电参数与气参数，保证臭氧浓度、发生量和电耗等指标要求。

4. 检查各检测仪器仪表工作状态，记录相关参数。工作不正常或参数有偏差，应立即调整纠正；无法解决时应记录在册并报告主管人员。

C.1.2 停机

1. 系统停机前，应先关断发生器高压电源，待气源气体排除系统内臭氧化气后关停全部设备。

如只停一台发生器，则只待该发生室内臭氧排除后即关停电源，并关断气源进气和臭氧排出气路。

2. 因发生停电、地震、火灾、臭氧泄漏和误操作紧急停机时，应按不同情况预备方案处理。注意发生器工作间的泄漏臭氧浓度超出安全标准报警时，应待排除后或戴防毒器具进入。

C.2 检 查 维 护

应根据运行管理维护手册进行检查维护，以保证系统长期稳定运行。

C.2.1 常规检查

按手册规定的检查点逐点检查并予以记录。

C.2.2 定期检查

按规定检查水中溶解臭氧浓度、臭氧吸收效率、臭氧车间和臭氧接触池臭氧泄漏、过滤器压力降与旋转器械润滑油等项目。

C.2.3 维护

1. 更换易耗品：闭路循环冷却水补水、更换极谱法水中溶解臭氧检测仪隔膜片等。

2. 定期更换器料：密封件，填料，传感器探头，过滤器滤芯，尾气破坏器催化触媒等。

3. 定期校准各类监测仪器仪表，紫外型臭氧检测仪须每年校准一次。

C.3 安 全 管 理

臭氧系统的非安全因素包括压力、电击、火灾与臭氧泄漏等，应严格管理。

臭氧爆炸是被高度关注的问题，只有在臭氧浓度高达 225～300g/m^3（15%～20%，w/w）条件下爆炸才有可能发生。对此科学文献早有论述，最近日本标准也已确认。因此，在 200g/m^3 以下浓度，发生器及相关设备应用臭氧不存在爆炸危险也无需按防爆标准设计、生产。

C.3.1 压力安全

1. 臭氧发生器与臭氧管道的结构和材料应按相应工

作压力设计，压力保护装置工作应可靠。

2. 臭氧系统内的水、原料气体、臭氧气体的管道和阀门应标识流体名称和流向；投加气体管道应防水流倒灌。

C.3.2 电安全

臭氧发生器属于高压放电设备，相关部位应可靠接地；高压部分应绝缘可靠，高压接头应设置可靠的防护罩；各部位均应采取触电防护措施，整机装设急停开关；对发生室检修时，应先用接地线棒接触高压电极，释放掉电荷。

C.3.3 臭氧泄漏防护

1. 接触臭氧的发生室、管道、尾气处理装置与阀门、仪表及密封件等所有部分均应使用耐臭氧材料；臭氧接触池内表面应进行耐氧化防护处理。

2. 安装臭氧发生器、臭氧尾气处理装置的封闭工作间内应装设臭氧泄漏监测报警仪。泄漏浓度超过安全值时应报警并自动关停发生器，同时启动排风装置，提示工作人员不得进入。

3. 臭氧发生室和接触池停机检修前，必须排空残留臭氧。如紧急情况需进入，工作人员必须佩戴防护口罩（具有活性炭或催化剂保护层）。

C.3.4 噪声防护

PSA空气源与PSA制氧气源的空气压缩机或风机的

振动与噪音应符合相关法规规定，临近居民区更应严格控制。

C.3.5 防火

1. 使用氧气源的发生器房间和尾气处理装置房间及制氧机房应符合消防法规要求，并设置防火器具。同时装设氧气泄漏监测仪。

2. 氧气泄漏时应报警并关停臭氧发生器，启动通风装置。

C.3.6 防地震

臭氧系统设备安装于地震高发区，设计时应对系统的结构、管线、连接、阀门及仪表等提出特殊要求，安装和验收过程均应予重视。

C.3.7 通讯安全

应建立紧急通讯系统，在断电、地震、火灾、臭氧与氧气泄漏及操作失误发生时能自动通报到中央控制室。

附　录　D
耐臭氧氧化材料

表 D-1　耐臭氧材料特性评价

材料	材质	高浓度		低浓度		极低浓度	备考
		＞100	＞50	＞1000	＜200	＜10	
		g/m^3	g/m^3	ppm	ppm	ppm	
结构材料	SUS 316 L	定期检修	○	◎	◎	◎	*1
	SUS 316	定期检修	○	○	◎	◎	*1
	SUS 304	定期检修	定期检修	○	○	○	
	铝（氧化膜处理）	×	定期检修	定期检修	○	○	
	铝	×	×	×	×	×	
	聚四氟乙烯	定期检修	○	○	○	○	
	石英玻璃	◎	◎	◎	◎	◎	
	混凝土	定期检修	定期检修	○	○	○	

续表 D-1

材料	材质	高浓度		低浓度		极低浓度	备考
		>100	>50	>1000	<200	<10	
		g/m³	g/m³	ppm	ppm	ppm	
配管材料	SUS 316	定期检修	○	◎	◎	◎	
	SUS 304	定期检修	○	◎	◎	◎	
	聚四氟乙烯	定期检修	○	◎	◎	◎	
	硬质聚氯乙烯（vp 管）	×	×	○	○	○	
	硅（内层涂聚四氟乙烯）	×	×	×	○	○	
	硅	×	×	×	×	定期检修	
	聚氨酯	×	×	×	×	×	
	尼龙	×	×	×	×	×	

续表 D-1

材料	材质	高浓度		低浓度		极低浓度	备考
		＞100	＞50	＞1000	＜200	＜10	
		g/m^3	g/m^3	ppm	ppm	ppm	
填封料	聚四氟乙烯	定期检修	○	○	◎	◎	
	软性聚四氟乙烯	定期检修	○	○	◎	◎	
	氟化橡胶	×	×	定期检修	○	○	
	硅橡胶	×	×	定期检修	○	○	
	聚氯乙烯橡胶	×	×	×	○	○	
	乙烯·丙烯橡胶	×	×	×	○	○	
	氯丁橡胶	×	×	×	×	×	
	睛橡胶	×	×	×	×	×	
	硅海绵橡胶	×	×	×	○	○	
	聚氨酯泡沫塑料	×	×	×	×	×	
O形圈	聚四氟乙烯	○	○	○	○	○	
	氟化橡胶·聚四氟乙烯涂层	×	×	定期检修	○	○	
	氟化橡胶	×	×	定期检修	○	○	

续表 D-1

材料	材质	高浓度		低浓度		极低浓度	备考
		>100	>50	>1000	<200	<10	
		g/m^3	g/m^3	ppm	ppm	ppm	
配管接头	SUS 嵌入	○	○	○	○	○	
	螺旋式（聚四氟乙烯密封）	×	○	○	○	○	
	聚氯乙烯接头（粘接）	×	×	○	○	○	
	焊接法兰接头	定期检修	○	○	○	○	

*1 焊接处需用酸洗等方法处理

◎：最合适　○：可使用　×：不合适

出处：2001～2003 年度节能型废水处理技术开发报告书（NEDO）

注：此表引自参考文献日本臭氧应用安全管理标准。

附　录　E
工作场所空气臭氧标准与臭氧对人体的影响

E.1　工作场所空气臭氧浓度限值类别

TLV：作业环境允许值（Threshold Limit Value）

MAC：最高允许值（maximum allowable concentration）

TWA：时间加权平均值（Time-Weighted Average）

1 天 8 小时、1 周 40 小时作业时间中时间加权平均浓度值

STEL：短时接触极限（Short-Term Exposure Limit）15 分钟加权平均浓度值

CL：最大极限值（Ceillng Limit）

REL：推荐接触浓度限值（Recommended Exposure Limit）

PEL：允许接触浓度极限（Permissible Exposure Limit）

E.2 各国工作场所空气臭氧标准

E.2.1 中国标准

1. TJ 36－79 工业企业设计卫生标准

车间空气中有害物质的最高容许浓度（MAC）臭氧 $0.3mg/m^3$。

2. GB Z 2.1－2007 工作场所有害因素职业接触限值·化学有害因素

臭氧（MAC）$0.3mg/m^3$。

3. GB/T 3059－2012 环境空气质量标准

（1）臭氧日最大 8h 平均值：一级 $100\mu g/m^3$；二级 $160\mu g/m^3$。

（2）1h 平均值：一级 $160\mu g/m^3$；二级 $200\mu g/m^3$。

E 2.2 其他国家标准

其他国家标准见表 E-1。

表 E-1 其他国家的臭氧作业环境标准

国名	标准种类(年)	标准值
美国	ACGIH TLV-TWA(8 小时)(1996)	$0.20mg/m^3$ 0.1ppm(轻体力劳动)
	ACGIH TLV-TWA(8 小时)(1997)	$0.16mg/m^3$ 0.08ppm(中等体力劳动)
	ACGIH TLV-TWA(8 小时)(1997)	$0.1mg/m^3$ 0.05ppm(重体力劳动)

续表 E-1

国名	标准种类(年)	标准值	
美国	ACGIH TLV-STEL	0.4mg/m³	0.2ppm
	ACGIH 空气：TWA(1996)	0.20mg/m³	0.1ppm
	NIOSH：REL 空气：CL (1992)		0.1ppm
	OSHA PEL 8H：TWA (1994)	0.20mg/m³	0.1ppm
埃及	TWA (1993)	0.2mg/m³	0.1ppm
澳大利亚	TWA (1993)	0.2mg/m³	0.1ppm
	STEL (1993)	0.6mg/m³	0.3ppm
比利时	STEL (1993)	0.2mg/m³	0.1ppm
丹麦	TWA (1993)	0.2mg/m³	0.1ppm
芬兰	TWA (1993)	0.2mg/m³	0.1ppm
	STEL (1993)	0.6mg/m³	0.3ppm
法国	TWA (1993)	0.2mg/m³	0.1ppm
	STEL (1993)	0.4mg/m³	0.2ppm
德国	TWA (1993)	0.2mg/m³	0.1ppm
匈牙利	TWA (1993)	0.2mg/m³	
	STEL (1993)	0.4mg/m³	
日本	TWA (1993)	0.2mg/m³	0.1ppm
荷兰	TWA (1993)	0.2mg/m³	0.1ppm
菲律宾	TWA (1993)	0.2mg/m³	0.1ppm
波兰	TWA (1993)	0.1mg/m³	
俄罗斯	TWA (1993)		0.1ppm
	STEL (1993)	0.1mg/m³	
瑞典	TWA (1993)	0.2mg/m³	0.1ppm
	STEL (1993)	0.6mg/m³	0.3ppm
瑞士	TWA (1993)	0.2mg/m³	0.1ppm
	STEL (1993)	0.4mg/m³	0.2ppm
土耳其	TWA (1993)	0.2mg/m³	0.1ppm

续表 E-1

国名	标准种类(年)	标准值	
英国	TWA (1993)	0.2mg/m³	0.1ppm
	STEL (1993)		0.3ppm

注：1. ACGIH：American Conference of Governmental Industrial Hygienists（美国政府工业卫生学者联合会）；MSHA：Mine Safety and Health Administration（采矿安全和健康管理署）；NIOSH：National Institute for Occupational Safety and Health（国家职业安全和健康研究所）；OSHA：U. S, Department of Labor Occupational Safety & Health Administration（美国劳工职业安全和健康管理局）。

2. 1961 年到 1987 年，ACGIH 规定的 TLV，TWA 值为 0.1ppm，STEL 值为 0.3ppm，但 1987 年又提出最大极限值为 0.1ppm，并于 1989 年得以采纳。最大极限值近似于最大允许浓度之概念。ACGIH 于 1993～1994 年提案中又将臭氧的 TWA 值定为 0.05pm，STEL 值为 0.2ppm。作为暂定值观察一年，如无疑问，则正式予以采用。日本的产业卫生学会允许浓度委员会于 1985 年定出工作环境允许浓度为 0.1ppm＝0.20mg/m^3，并提出 15 分钟的平均接触浓度不得超过允许浓度的 1.5 倍。

3. 此表引自参考文献日本臭氧应用安全管理标准。

E.3 臭氧对人体的影响

E.3.1 臭氧对人体的影响

臭氧对人体影响的途径是咽喉→气管→支气管→肺泡，刺激引起支气管炎等。因臭氧对于水的溶解性低，故非常容易通过气管直达肺泡。臭氧与肺泡内的水蒸气接触后生成羟基，会对肺泡细胞、肺毛细血管细胞构成伤害。如臭氧为高浓度，则会引起肺水肿，并有进一步减弱大唑菌体对入侵细菌的吞噬去除功能（生命体防御机构）。故肺与臭氧接触后，其对外来入侵物的防御能力就会萎缩。

臭氧浓度和对生命体影响的关系，与接触浓度、接触时间、接触浓度×接触时间（CT 值）相关，也因其人的敏感性、健康状况以及所处的休息工作和运动之强度而异。

人体反应与臭氧浓度、时间关系见图 E-1。

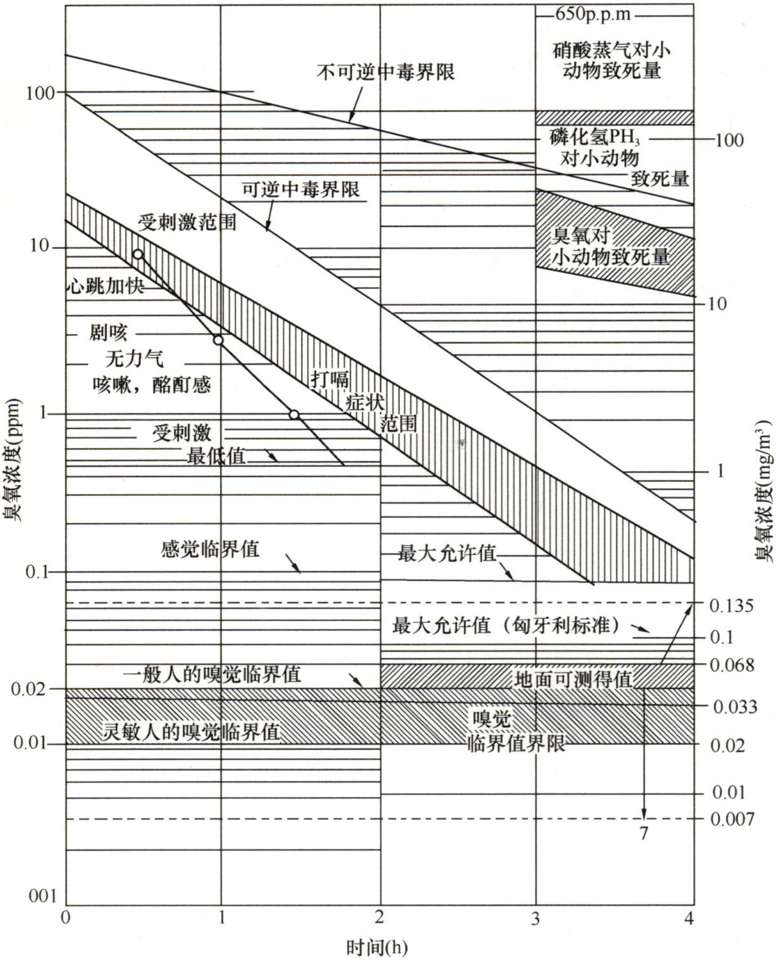

图 E-1　人体反应与臭氧浓度、时间关系

注：此图摘自 M. HORVATH，L. BILITZKY and J. HUTTNER 著 OZONE 1985

E.3.2 人对臭氧的感觉症状

作业现场接触臭氧，人体感觉与臭氧浓度关系的报告大都来自焊接作业。下表记录了作业时的自觉症状，虽然没有注明接触时间，可认为应在小时量级。

人对臭氧的感觉症状见表 E-2。

表 E-2 作业现场人对臭氧的感觉症状

臭氧浓度（ppm）	主要的感觉症状	临床所见	作业内容	文献
0.25	无	—	气体保护焊接	Kleinfeld
0.3～0.8	咽喉刺激	无	同上	同上
0.9	咽喉刺激，头痛，疲劳		同上	同上
0.8～1.7	口、咽喉干渴，眼鼻刺激，胸部有压迫感	—	三氯乙烯焊接	Challen
0.47	黏膜刺激	—	—	Flury. Zernik
0.94	强黏膜刺激，困倦			同上
0.94	心跳加快，困倦，头痛			同上
0.1～0.6	胸骨下疼痛，咳嗽，黏膜刺激	无	飞机飞行	Reed

续表 E-2

臭氧浓度（ppm）	主要的感觉症状	临床所见	作业内容	文献
1.05～1.27	无	PF 值 V75，V50，V25. 低下	气体保护焊接	大森等
0.40～0.46	无	PF 值 V75，V50. 低下	同上	同上
0.28	无	PF 值 V75 低下	同上	同上

PF：Peak flow rate.（肺气）流量比率峰值。

V75～25：努力性肺活量的 75%，50%，25%。

注：此表引自参考文献《日本臭氧应用安全管理标准》。

参 考 文 献

1. 生活饮用水卫生标准 GB 5749－2006.
2. 室外给水设计规范 GB 50013－2006.
3. 水处理用臭氧发生器 CJ/T 322－2010.
4. DIN 19627－1993 Ozonerzeugungsanlagen zur Wasseraufbereitung.
5. NSF/ANSI 222－2006e Ozone geneators.
6. オゾンハンドブック．日本オゾン協会，2004.
7. オゾン利用に関する安全管理規準．经済産業省高濃度オゾン利用研究専門委員会，2005.
8. オゾン応用技術の安全管理に関する標準化調査事業．日本オゾン協会，2007.